¡ANIMALES MARINOS SALVAJES!

LOS MANATÍES

Melissa y Brandon Cole

BLACKBIRCH®
PRESS

THOMSON

GALE

San Diego • Detroit • New York • San Francisco • Cleveland • New Haven, Conn. • Waterville, Maine • London • Munich

THOMSON

GALE

For more information, contact
The Gale Group, Inc.
27500 Drake Rd.
Farmington Hills, MI 48331-3535
Or you can visit our Internet site at http://www.gale.com

Photo Credits: All images © Brandon D. Cole, except pages 8 and 9 © Doug Perrine/Innerspace Visions.

LIBRARY OF CONGRESS CATALOGING-IN-PUBLICATION DATA

Cole, Melissa S.
 [Manatees. Spanish]
 Los manaties / by Melissa y Brandon Cole.
   p. cm. — (Animales marinos salvajes!)
Summary: Discusses the physical characteristics, feeding and mating behavior, interaction with humans, and habitat of manatees.
Includes bibliographical references.
 ISBN 1-41030-009-9 (hardback : alk. paper)
 1. Manatees—Juvenile literature. [1. Manatees.] I. Cole, Brandon. II. Title. III. Series: Cole, Melissa S. Wild marine animals!

QL737.C6P75 2003
599.55—dc21

Printed in China
10 9 8 7 6 5 4 3 2 1

Contenido

Introducción

El manatí es un mamífero grande que se alimenta de plantas. Pasa la vida entera en el agua. Mucho antes de que la personas supieran lo que realmente eran los manatíes, los marineros los tomaron por hermosas sirenas. ¡Parece mentira!
A veces los capitanes de buques veleros veían las cabezas de los manatíes que sobre la superficie del océano y pensaban que eran personas que se habían caído por la borda.

Hoy tenemos la suerte de saber mucho de estos animales, por ejemplo dónde se encuentran y cómo viven. Aun es posible visitar parques especiales de manatíes para ver estas criaturas mágicas en su hábitat natural.

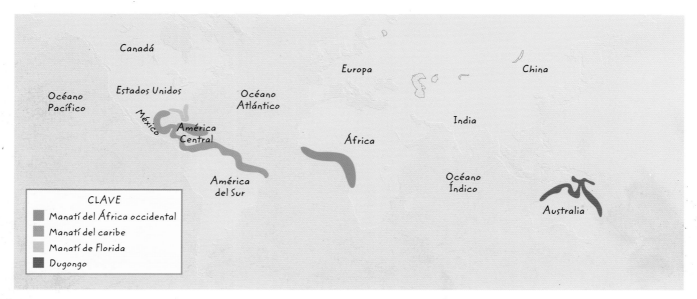

Canadá

Europa

China

Océano
Pacífico

Estados Unidos

Océano
Atlántico

México

India

América
Central

África

América
del Sur

Océano
Índico

Australia

CLAVE
- Manatí del África occidental
- Manatí del caribe
- Manatí de Florida
- Dugongo

El manatí y su pariente el dugongo pertenecen a un grupo llamado los sirenios. En una época estos animales vivían en todo el mundo. Durante siglos, se los cazaba por su carne, sus grasas, y su piel. Hoy sobreviven sólo cuatro especies.

¿Este manatí te parece sirena? Los marineros de antaño así lo veían.

Miembros de la familia

Manatí de Antillas

Se estudia más al manatí de Antillas que a cualquier otro sirenio. Hay dos tipos, o subespecies, de manatí de Antillas. Primero, hay el manatí del caribe, que se encuentra en las islas caribeñas y hacia el sur hasta Brasil. El segundo tipo es el manatí de Florida, que se puede encontrar principalmente en las aguas costeñas de Florida. El territorio del manatí de Florida puede extenderse hasta Texas al sur y Rhode Island al norte. Tanto el manatí de Florida como el del caribe puede medir 13 pies (4 m) de longitud y pesar hasta 3,500 libras (1,587 kg).

A algunos manatíes les gusta viajar. En 1994, un adulto macho llamado Chessie se hizo famoso después de nadar más de 500 millas (805 km)— desde Florida hasta la Bahía Chesapeake de Maryland! Ese viaje rompió todos los récords de natación que se conocen entre los manatíes.

Algunas clases de manatíes viven en las aguas alrededor de las islas en el mar del Caribe.

El manatí de Florida vive en las cálidas aguas costeñas de Florida.

Unos científicos regresaron a Chessie a su hogar en un avión de la Fuerza Aérea y le pusieron un collar de localización para ver adónde iría. El próximo verano nadó más allá de la Bahía Chesapeake hasta llegar a Rhode Island. Ese invierno volvió— sin la ayuda de un avión— a los manantiales calientes de Crystal River, Florida.

El dugongo vive en las "praderas" de pastos marinos del Pacífico y el Océano Índico.

Manatí del Amazonas

Este animal vive en ríos escondidos de agua dulce en la cuenca del Amazonas en Sudamérica. Es extremadamente raro. Sólo mide 9 pies (3 m), el más pequeño de todos los manatíes.

Manatí del África occidental

El manatí del África occidental vive en los lagos, ríos, y tranquilas lagunas costeñas de más de 20 países africanos. Es difícil de encontrar porque no es fácil llegar a las áreas donde vive. Su cuerpo se parece al del manatí de Antillas.

La cola del dugongo tiene la misma forma que la del delfín.

Dugongo

El dugongo vive en los trópicos de los océanos Índico y Pacífico. La mayoría de los dugongos viven en las "praderas" de pasto marino frente al norte de Australia y Papuasia, Nueva Guinea. El dugongo es bastante diferente del manatí. Sólo llega a 6 pies (2 m) de longitud, la mitad del tamaño del manatí mediano. El dugongo tiene la piel suave y la cola triangular como la del delfín, en vez de la cola en forma de remo. El dugongo macho tiene pequeños colmillos, a diferencia del manatí. Los colmillos le salen de entre los labios y se usan para pelearse por las hembras en el tiempo de apareamiento.

El dugongo se parece a la vaca marina de Stellar, que se extinguió hace unos 200 años. Los cazadores las mataron a todas.

El cuerpo del manatí

El manatí se parece un poco a una foca gorda. Tiene el cuerpo tubular, con aletas en lugar de brazos. En los extremos de las aletas tiene "uñas" como las del elefante. Los científicos creen que el elefante y el manatí habrán tenido un ancestro en común hace millones de años. El manatí del Amazonas es el único que ha "perdido" las uñas.

El manatí tiene la cola en forma de remo que lo empuja por el agua. **Recuadro:** El manatí tiene uñas en las aletas.

Aunque el manatí suele moverse muy lentamente, su cola en forma de remo le ayuda a nadar muy rápido cuando necesita hacerlo. Puede llegar a medir 13 pies (4 m) de largo y a pesar hasta 3,500 libras (1,586 kg). Tiene la piel gruesa, que parece cuero, de color gris pardusco, de la cual se le salen unos pocos pelos. A menudo el manatí no puede ver bien en el agua lodosa donde vive, y los pelos de la piel le ayudan a palpar lo que hay en su entorno.

El manatí tiene una cabeza peculiar redondeada con ojos pequeños y bigotes como los del gato. Algunas personas han descrito a los manatíes como "papas sonrientes con aletas."

La nariz y la barbilla del manatí están cubiertas de bigotes que lo ayudan a palpar lo que está cerca.

Rasgos especiales

El manatí tiene unas características especiales que le permiten pasar la vida entera en el agua.

Los manatíes son expertos en controlar la cantidad de aire en los pulmones. Cuando los pulmones están llenos, el manatí puede flotar fácilmente hacia la superficie. Cuando no están llenos, el manatí se hunde. También tiene huesos muy pesados que lo ayudan a hundirse cuando quiere. Sus fosas nasales son como las válvulas de un submarino. Se abren cuando el animal necesita respirar, y se cierran cuando se mete debajo del agua. De hecho, el manatí solamente puede respirar por la nariz. Así puede comer debajo del agua sin ahogarse.

Arriba: El manatí puede comer sin tragar agua.
Abajo: Las narices del manatí se abren arriba del agua y se cierran debajo del agua.

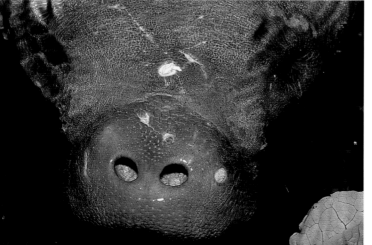

Nunca traga agua "por el conducto indebido" como lo hacemos los humanos porque los tubos no se unen.

Hay otra característica especial del manatí. Cuando se duerme, la mitad de su cerebro se queda despierta para asegurar que siga subiendo para respirar.

En las fotos, los ojos del manatí suelen verse

Una membrana sobre los ojos del manatí hace que parezca tener sueño.

deslustrados y apagados. Esto se debe a una membrana que protege los ojos debajo del agua. El tiburón también tiene esta característica. Una capa delgada de grasa debajo de la piel ayuda al manatí a mantenerse caliente en el agua. Aunque el manatí se ve gordo, no tiene tanta grasa como otros animales marinos. Si un manatí se enfría, puede enfermarse rápidamente. En los meses fríos del invierno, debe migrar del océano a los calientes manantiales de los ríos, donde descansa y se alimenta. En el verano, los manatíes suelen viajar en agua salada cerca de la costa.

Alimento

El manatí es el único mamífero marino consumidor de plantas que existe actualmente. Pasta en las hierbas marinas y otras plantas acuáticas como el jacinto de agua. La mayoría de los manatíes pasta más de ocho horas al día. Por eso al manatí se le apoda "máquina de comer" o "vaca marina." Sus intestinos, que pueden medir hasta 130 pies (40 m), le ayudan a digerir las 150 libras (68 kg) de plantas que devora cada día.

La boca del manatí está hecha para ronzar.

La boca del manatí está adaptada para ronzar. El labio superior está dividido en el centro y las dos partes se mueven independientemente. Pueden arrancar plantas y llevarlas a la boca.

El manatí también tiene placas de hueso en la parte anterior de la boca y muelas grandes y planas en la parte posterior para moler plantas fibrosas antes de tragarlas.

Las asombrosas muelas del manatí siguen creciendo toda la vida. A medida que se desgastan, "caminan" hacia el frente de la boca y se caen. Siempre las muelas nuevas están reemplazando a las viejas. A veces se les atrapan plantas entre los dientes a los manatíes. ¡Se les ha visto usar ramas de árbol o sogas como un tipo de hilo dental!

El manatí es una "máquina de comer" que pasa más de 8 horas diarias alimentándose.

Vida social

A diferencia de muchos animales, los manatíes no se pelean por territorio o pareja. Aunque parecen disfrutar la compañía de otros manatíes, no necesitan viajar en manadas para protegerse porque no tienen ningún enemigo natural. Durante la mayor parte del año, los manatíes viajan solos o en grupos de dos o tres. Juegan juntos, dando volteretas, agarrándose tiernamente de las aletas y hocicándose los labios en lo que parece un gran "beso" de manatí.

Izquierda: A los manatíes les gusta jugar juntos.
Al lado opuesto: Los manatíes –frecuentemente duermen juntos en aguas cálidas.

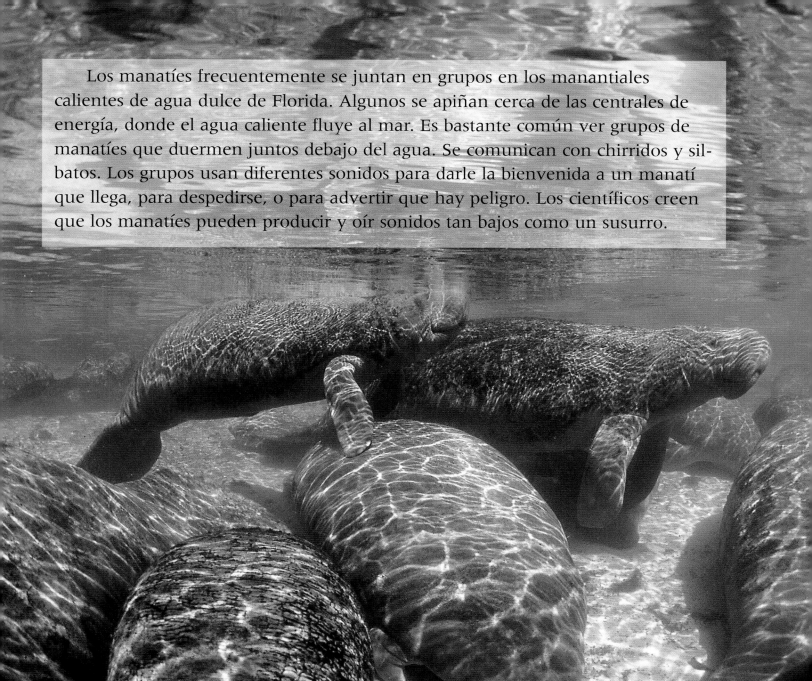

Los manatíes frecuentemente se juntan en grupos en los manantiales calientes de agua dulce de Florida. Algunos se apiñan cerca de las centrales de energía, donde el agua caliente fluye al mar. Es bastante común ver grupos de manatíes que duermen juntos debajo del agua. Se comunican con chirridos y silbatos. Los grupos usan diferentes sonidos para darle la bienvenida a un manatí que llega, para despedirse, o para advertir que hay peligro. Los científicos creen que los manatíes pueden producir y oír sonidos tan bajos como un susurro.

Apareamiento

El manatí puede vivir más de 60 años. Las hembras suelen empezar a tener crías a más o menos los cinco años. Dan a luz cada dos a cinco años, y a veces nacen gemelos. Cuando la hembra está lista para aparearse, los machos llegan desde grandes distancias y la andan siguiendo. A veces más de 30 machos andan al lado de la hembra, y se quedan durante un mes. Una hembra a menudo se aparea con más de un macho. Esto normalmente pasa en la primavera. El embarazo dura unos 13 meses. Esto significa que la cría nace la próxima primavera cuando el agua empieza a calentarse. Cuando nace el bebé, la mamá lo cuida sola.

Izquierda: Los machos llegan desde grandes distancias para encontrar pareja.
Al lado opuesto: El macho y la hembra se dan un abrazo de cortejo.

Arriba: Las crías se quedan con su madre por unos dos años.
Abajo: Una cría se amamanta debajo del agua.

Cría

Las crías suelen nacer cola primero en canales o cauces tranquilos. Miden unos cuatro pies (1.2 m) y pesan entre 60 y 70 libras (27-32 kg). Lo primero que hace el recién nacido es nadar hacia la superficie para respirar. La mamá frecuentemente apoya a la cría en la superficie hasta que ésta se acostumbre a respirar sola. Poco después de nacer, la cría empieza a amamantarse debajo del agua de uno de los dos pezones de la madre. Los pezones se encuentran debajo de la aleta de la madre. Cuando el bebé amamanta, ¡parece estar pegado a la axila de la mamá! Las crías nacen sin la grasa que necesitan para ayudarlos a flotar o a mantenerse calientes. Para que engorden rápidamente, necesitan tomar mucha leche rica en grasas.

Las crías suelen regresar para visitar a su madre cuando ya son adultas.

Aunque empieza a aprender a comer plantas dentro de dos semanas después de nacer, la cría sigue amamantándose y se queda con su madre por casi dos años. La madre le enseña a la cría qué plantas debe comer, dónde puede encontrar agua caliente durante el invierno, y cómo escaparse del peligro.

Las madres parecen ser muy amorosas. A menudo "adoptan" a crías huérfanas de madre. En estos casos la "madrastra" a veces cuida a la cría adoptada al mismo tiempo que a su propia cría. El lazo entre madre y cría es muy fuerte. Las crías suelen regresar para estar con su mamá cuando han crecido.

El manatí y el hombre

Los manatíes y sus hábitats están en peligro de extinción. Corren el riesgo de desaparecer. En partes del caribe, todavía cazan al manatí por la carne, la piel, los huesos y el graso. En Florida, muchas personas conducen barcos. A veces, cuando los barcos andan muy rápido, los manatíes no los oyen con tiempo para apartarse del camino. Algunos años han muerto más de 100 manatíes atropellados por barcos.

Los manatíes son por naturaleza muy amistosos. Frecuentemente siguen a los nadadores. ¡Les gusta que se les acaricie la barriga y las axilas!

La hélice de un barco causó estas cicatrices.

El manatí es muy amistoso por naturaleza.

Alrededor del mundo muchas personas trabajan por rescatar al manatí y su hábitat. El "Club de rescate del manatí" ayuda a reservar áreas especiales donde los manatíes puedan descansar fuera del alcance de las personas y los barcos. El grupo intenta introducir leyes que hagan que los barcos anden más lento en áreas especiales de manatíes. Las lanchas también tendrían aparatos que advirtieran a los manatíes que se acercaba un barco.

Datos sobre el manatí de Antillas

Nombre científico: Trichechus manatus

Longitud del cuerpo: Hasta 13 pies (4 m)

Peso: Hasta 3,500 libras (1,587 kg)

Color: Gris pardusco

Madurez sexual: A los 5 años

Embarazo: 13 meses

Crías: 1 cada 2 o 3 años

Alimento preferido: Plantas acuáticas como el jacinto de agua

Territorio: El caribe y la costa de Florida

En otro esfuerzo de rescate, algunos científicos le ponen collares de radio a la cola de los manatíes que sueltan después de haberlos capturado o tratado por enfermedades. Esto ayuda a los investigadores a estudiar los patrones de viaje y el número que queda en su hábitat. Se espera que, con la ayuda de suficiente número de personas, la población del manatí aumente y los humanos puedan disfrutar de estas criaturas únicas durante muchos años.

GLOSARIO

aparearse Buscar pareja y producir crías
especie Grupo de animales parecidos
extinto Que ya no existe

hábitat El lugar y las condiciones naturales en donde vive una planta o un animal
migrar Viajar con el cambio de las estaciones

PARA MÁS INFORMACIÓN

Libros

Feeney, Kathy. *Manatees* (Our Wild World). Minnetonka, MN: Creative Publishing International, 2001.

Perry, Phyllis Jean. *Freshwater Giants: Hippopotamus, River Dolphins, and Manatees*. Danbury, CT: Franklin Watts, Inc., 1999.

Ripple, Jeff. *Manatees and Dugongs of the World*. Stillwater, MN: Voyageur Press, 1999.

Walker, Sally M. *Manatees*. Minneapolis, MN: Lerner Publishing Group, 1999.

Dirección en la Internet

Manatíes

Para aprender más sobre el hábitat, las características físicas, y el comportamiento del manatí —
http://www.seaworld.org/infobooks/Manatee/behaviorman.html

ÍNDICE